CIP-Kurztitelaufnahme der Deutschen Bibliothek

Makarowa, Tatjana:
Hund & [und] Katz / Tatjana Makarowa. Mit Bildern
von Susanne Riha. [Aus d. Russ. von
Hans Baumann]. – Wien; München; Heidelberg: Betz, 1982.
ISBN 3-219-10253-0
NE: Riha, Susanne [Mitarb.]

B 200/1
Alle Rechte vorbehalten
Aus dem Russischen von Hans Baumann
Umschlag und Illustrationen von Susanne Riha
© 1982 by Annette Betz Verlag im Verlag Carl Ueberreuter,
Wien - München - Heidelberg
Papier und Gesamtherstellung: Salzer - Ueberreuter, Wien
Printed in Austria

Tatjana Makarowa

Hund und Katz

übertragen von Hans Baumann

Bilder von Susanne Riha

Annette Betz Verlag

Gleich fängt das Abenteuer an,
das zwischen Hund und Katz begann.
Sie lebten auf dem gleichen Platze:
der Hund im Hof, im Haus die Katze.

Schon immer war der Hund voll Neid.
Die Katze saß die ganze Zeit
verwöhnt auf einem weichen Kissen
und wollte nie was von ihm wissen.
Er haßte sie das ganze Jahr,
nur weil sie eine Katze war.

Die Katze aber sah voll Grimm
den Hund. An ihm war alles schlimm:
sein Schwanz, sein Kopf, das rauhe Fell,
der Hundeblick und sein Gebell.
Sie haßte ihn – der wahre Grund:
Er war, nun ja, er war ein Hund.

Die Wende kam ganz unverhofft.
Der Hund, er war wie schon so oft
dabei, der Katze nachzustellen.
Sie aber flog mit weiten, schnellen,
lautlosen Sprüngen übern Platz
und auf den Zaun mit einem Satz.

Und da zerbrach der alte Bann.
Ein Rätsel bleibt es, wie's begann.
Ich wollte meinem Blick nicht traun:
Die Katze sprang herab vom Zaun,
sie schnurrte, gähnte, schmiegte dann
sich an die Hundeflanke an.
Drauf leckte er, der Hund, nicht faul
den Hundehaß vom Katzenmaul.

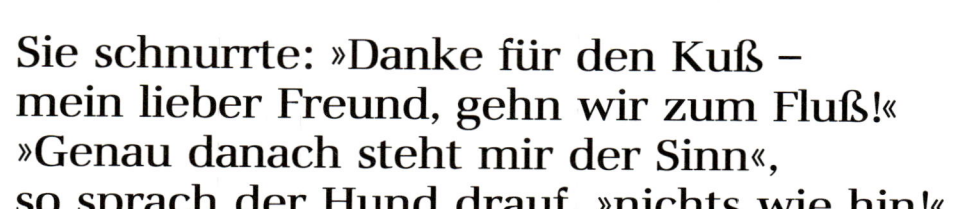

Sie schnurrte: »Danke für den Kuß –
mein lieber Freund, gehn wir zum Fluß!«
»Genau danach steht mir der Sinn«,
so sprach der Hund drauf, »nichts wie hin!«

Auf einmal waren sie vereint,
als wär der Hund kein Katzenfeind,
als hätte er sein Leben lang
geliebt den Sonnenuntergang,
nur weil die Katze ihn so sehr
sehnsüchtig ansah seit jeher.
Kompott, das er nicht konnte leiden,
war nun zuwider allen beiden.
Und beide überlegten stumm:
Wie ist doch Feindschaft schrecklich dumm!
Voll Freude blickten sie zurück
zum Zaun: Der Zaun war unser Glück.

Nun hatten beide ihren Spaß
und dachten dies und dachten das ...
Der Hund: Ist auch zu weich ihr Fell,
was tut's? Im Köpfchen ist sie hell.
Zwar zuckt ihr Schwanz – ist das so wichtig?
Nein, nein, die Katze ist goldrichtig.
Er hat der Katze längst verziehn,
was ihm an ihr unmöglich schien:
daß sie verwöhnt und unnahbar
und oft auch katzenbucklig war.
Und dann verzieh er ihr sogar –
nun, daß sie eine Katze war.

Die Katze aber überlegt:
Was macht's, daß er den Schwanz bewegt
wie einen Wedel? Er hat Mut,
und was er anfängt, macht er gut.
Und weil beschlossen nun ihr Bund,
verzieh sie ihm sogar den Hund.

Die andern Katzen sahen das
nicht ohne Sorge, ja, mit Haß.
Im Dunkeln gab es mancherlei
Gezisch: Was bringt ihr der schon bei!
Ganz sicher, wie man kläfft und bellt
und Leuten in den Weg sich stellt.
Statt Mäuse in den Kellerecken
wird sie die Enten nun erschrecken.
Kann sein, daß sie sich so verirrt
und noch zum Katzenjäger wird.
Drum sagen wir aus gutem Grund
für alle Zeiten: Hund bleibt Hund!

Auch bei den Hunden gab's Geschrei:
Was bringt die Katze ihm schon bei?
Am Ende wird er noch miauen
und sich nicht mehr ins Wasser trauen,
vielleicht an Mäuselöchern lauern
und nachts auf Dächer und auf Mauern
sich schleichen, in den dunklen Garten,
und dort auf einen Kater warten.
Ein rechter Hund tut das nicht, nein,
er läßt sich nicht mit Katzen ein.
Wir sagen es in einem Satz
für alle Zeiten: Katz bleibt Katz!

Sie lagen heimlich auf der Lauer,
ob nicht der Hund wohl auf die Dauer
zur Katze würde und die Katze
zum ersten Katzenhund am Platze.
Doch blieb die Katze, was sie war,
der Hund glich weiter sich aufs Haar,
es schnurrt die Katze und miaut,
der Hund bellt fröhlich, manchmal laut...

Allein bei Sonnenuntergang
ging er mit ihr am Strand entlang.
Dort saßen sie, weil Abendrot
den allerschönsten Anblick bot,
wogegen Kirschkompott dem Paar
verhaßter als der Donner war.
Verwundert merkten sie zuletzt,
daß jeder viel am andern schätzt.

Dem Hund gefiel es, wenn sie sang.
Er selber war sein Leben lang
nicht sehr begabt als Musikant,
die Katze aber war bekannt
als Sängerin, die noch im Schlaf
die höchsten Töne sicher traf.
Ihr Freund, der Hund, der sagte bloß:
»Im Singen bist du einfach groß!«

Der Katze aber schien der Hund
ein wahrer Held, nicht ohne Grund.
Er schwamm im Flusse weite Strecken,
für ihn war Wasser ohne Schrecken.
Die Katze, die das sehr bewundert,
sagt: »Er ist einer unter hundert!«

Doch einmal wagte er zuviel,
da wurde Ernst aus seinem Spiel.
Der Katze war's, als ob er riefe:
»Mich reißt ein Strudel in die Tiefe!«

Zum Glück trieb auf dem Fluß ein Floß,
die Katze springt darauf – ein Stoß . . .
der Hund faßt zu. Die andern Hunde
sehn alles an mit offnem Munde,
und einer schreit: »Wie kann's das geben,
daß sie für ihn ins Wasser sprang
und ist vor Wasser doch so bang –
die Katze, unser Freund, soll leben!«

Bald drauf saß sie auf einer Fichte
und sonnte sich im Morgenlichte.

Auf einmal stürzten sich auf sie
zwölf Krähen, finstres Federvieh.
Die Katze ängstigte sich sehr.
Da kam auch schon der Hund daher
und sprang von Ast zu Ast im Baum.
Der Schwarm zerstob, ein böser Traum.
Nun riefen alle Katzen gleich:
»Er schlug sie, zwölf auf einen Streich!«
Ein Kater schrie: »Wie kann's das geben –
ein Hund im Baum? Der Hund soll leben!«

Was Wunderbares war geschehn.
Nun war für alle zu verstehn,
für jedes Hund- und Katzenkind:
Wenn Hund und Katze Freunde sind,
dann leben wir in einer Welt,
in der zu leben uns gefällt.